AF222164

As de Clown de Gripp har

Heinrich Hannover

As de Clown de Gripp har

Als der Clown die Grippe hatte

Mit elben Teknungen von
Eike Wannick

EDITION TEMMEN

Die Deutsche Bibliothek verzeichnet diese Publikation in der
Deutschen Nationalbibliografie; detaillierte bibliografische Daten
sind im Internet über http://dnb.ddb.de abrufbar.

ISBN 978-3-8378-7013-8

Ümslagbild: Eike Wannick

Die Geschichten sind hochdeutsch erstmals 1992 unter dem Titel
»Als der Clown Grippe hatte« erschienen

Copyright © 2011 für diese Ausgabe: EDITION TEMMEN
Hohenlohestr. 21 - 28209 Bremen
Tel. 0421-34843-0 - Fax 0421-348094
info@edition-temmen.de
www.edition-temmen.de

ISBN 978-3-8378-7013-8

Als der Clown die Grippe hatte

O zippele zappele zoppele zaun
Es war einmal ein kleiner Clown
Der hatte bibbele babbele bohr
Ein blaues und ein grünes Ohr
O hippele happele hoppele hase
Und eine dicke rote Nase
O zippele zappele zoppele zuhe
Er hatte furchtbar lange Schuhe
Und einmal bibbele babbele bo
Fiel er im Zirkus auf den Po
O hoppela hoppela hoppela hippe
Davon bekam er eine Grippe
O zippele zappele zoppele zett
Nun liegt der arme Clown im Bett
Und kriegt o bibbbele babbele bien
Vom Doktor bittre Medizin
Doch dann tatü tata taton
Da klingelt ja sein Telefon
Hier Clown! O zippele zoppele zank
Ja, Herr Direktor, ich bin krank!

O bibbele babbele bobbele bimpen
Dor fängt de anner an to schimpen
O hibbele habbele hobbele han
Glieks fängt doch hier uns Zirkus an
Du kannst doch zippele zoppele zåten
De Kinner hier nich töwen låten
Na god! O weh o weh o wett
De arme Clown krupt ut dat Bett
Doch bums! O bibbele babbele bo
Föllt hei all wedder up den Po
Un dorvon ward o hibbele himmer
De Gripp noch duller un noch slimmer
Liekväl o zippele zappele zester
De Clown de har noch eene Swester
Hei säd to ehr o bibbele bäs
Hier hest du miene rode Näs
O hibbele habbele hobbele huhr
Mien blåges un mien gräunes Uhr
O zippele zappele zoppele zau
Un hier sünn miene langen Schauh
Doch pass god up o bibbele bo
Süss föllst du ok noch up den Po
De Swester hibbele hobbele hin
Geiht mutig in den Zirkus rin
O zippele zappele zoppele zank
Mien Brauder, de is leider krank
Doch wenn ji willt o bibbele baun

O bibbele babbele bobbele bimpfen
Da fängt der andre an zu schimpfen
O hippele happele hoppele han
Gleich fängt doch unser Zirkus an
Du kannst doch zippele zoppele zassen
Die Kinder hier nicht warten lassen
Na gut! O weh o weh o wett
Der arme Clown steigt aus dem Bett
Doch bums! O bibbele babbele bo
Fällt er schon wieder auf den Po
Und davon wird o hippele himmer
Die Grippe noch ein bisschen schlimmer
Jedoch o zippele zappele zester
Der Clown der hatte eine Schwester
Er sprach zu ihr o bibbele base
Hier hast du meine rote Nase
O hippele happele hoppele hohr
Mein blaues und mein grünes Ohr
O zippele zappele zoppele zuhe
Und hier sind meine langen Schuhe
Nur pass gut auf o bibbele bo
Sonst fällst du auch noch auf den Po
Das Schwesterchen o hippele hein
Geht mutig in den Zirkus rein
O zippele zappele zoppele zank
Mein Bruder der ist leider krank
Doch wenn ihr wollt o bibbele baun

Denn späl ik nu för em den Clown
De Herr Direkter hippele heiten
Will nix von eene Clownin weiten
De Kinner awer zippele zein
De willen nu de Clownin seihn
Un denkt juch schnibbele schnabbele schnauder
Se wier noch bäter as ehr Brauder
Un neechst Mal spälen se tosåmen
Denn müsst ji noch mål wedderkåmen
Se sünd so gaud o bibbele batschen
Dat alle Kinner ganz lut klatschen.

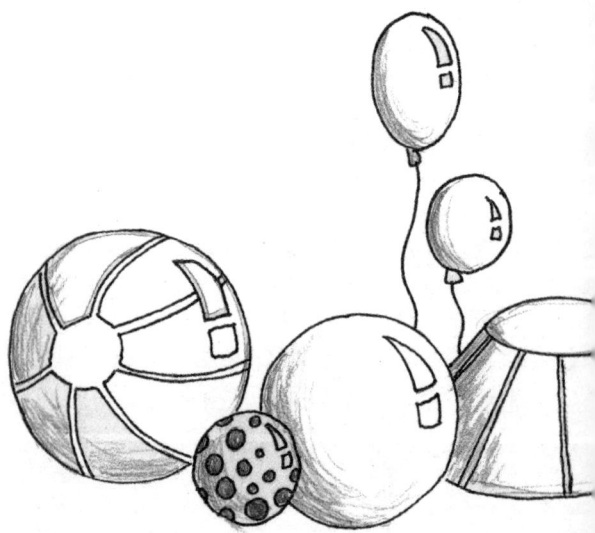

Dann spiel ich jetzt für ihn den Clown
Der Herr Direktor hippele hissen
Will nichts von einer Clownin wissen
Die Kinder aber zippele zehen
Die wollen jetzt die Clownin sehen
Und denkt euch schnippele schnappele schnuder
Sie war noch besser als ihr Bruder
Und nächstes Mal, ihr werdet staunen
Da kamen sie als Clown und Clownin
Sie sind so gut o bibbele batschen
Dass alle Kinder ganz laut klatschen.

Dat Dunnerwäder

O wibbele wabbele wobbele wünn
An'n blågen Häwen schient de Sünn
O pippele pappele poppele pisch
De Schäp de blöken up de Wisch
O zippele zappele zoppele zoff
De Häuhner gackern up den Hoff
O wibbele wabbele wobbele wåten
In'n Zirkus turnen Akrobåten
O pippele pappele poppele püssel
De Elefant schnuwt dörch den Rüssel
O zippele zappele zoppele zien
De Clown spält up de Vigelin
O wibbele wabbele wobbele wittern
De Löwen brüllen achter Gittern
O pippele pappele poppele perk
De Paster prädigt in de Kerk
O zippele zappele zoppele zister
In't Fiernseihn rädet de Minister
O bibbele babbele bobbele bulken
An'n Häwen kåmen dunkle Wulken
O schibbele schabbele schobbele schunnern
Un nu fängt dat ok an to dunnern
O flippele flappele floppele flitz
Un ut de Wulk dor kümmt en Blitz

Das Donnerwetter

O wibbele wabbele wobbele wonne
Am blauen Himmel scheint die Sonne
O pippele pappele poppele piese
Die Schafe blöken auf der Wiese
O zippele zappele zoppele zof
Die Hühner gackern auf dem Hof
O wibbele wabbele wobbele waten
Im Zirkus turnen Akrobaten
O pippele pappele poppele püssel
Der Elefant schnaubt durch den Rüssel
O zippele zappele zoppele zeige
Der Clown spielt auf der kleinen Geige
O wibbele wabbele wobbele wittern
Die Löwen brüllen hinter Gittern
O pippele pappele poppele pirche
Der Pastor predigt in der Kirche
O zippele zappele zoppele zister
Im Fernsehn redet der Minister
O bibbele babbele bobbele bolken
Am Himmel kommen dunkle Wolken
O schibbele schabbele schobbele schonnern
Und plötzlich fängt es an zu donnern
O flippele flappele floppele flitz
Und aus der Wolke fährt ein Blitz

O bibbele babbele bobbele banner
Un de bringt allens dörcheinanner
O schibbele schabbele schobbele schien
De Elefant spält Vigelin
O flippele flappele floppele flüssel
De Häuhner schnuwen dörch den Rüssel
O zibbele zabbele zobbele zoff
De Löwen gackern up den Hoff
O bibbele babbele bobbele baster
In'n Zirkus turnt nu woll de Paster
O flippele flappele floppele flerk
De Akrobåten in de Kerk
O zibbele zabbele zobbele zisch
De Clown spält up de gräune Wisch
O bibbele babbele bobbele bäp
In't Fiernseihn blöken nu de Schäp
O flippele flappele floppele flittern
Minister prädigt achter Gittern
An'n Häwen awer bimmele bulken
Dor sünd noch väle dunkle Wulken
Bald kümmt de nächste Dunner wiss
Un manch Minister hett all Schiss.

O bibbele babbele bobbele bander
Und das bringt alles durcheinander
O schibbele schabbele schobbele scheige
Der Elefant spielt auf der Geige
O flippele flappele floppele flüssel
Die Hühner schnauben durch den Rüssel
O bibbele babbele bobbele bof
Die Löwen gackern auf dem Hof
O schibbele schabbele schobbele schor
Im Zirkus turnt jetzt der Pastor
O flippele flappele floppele flirche
Die Akrobaten in der Kirche
O bibbele babbele bobbele bafe
Im Fernsehn blöken jetzt die Schafe
O schibbele schabbele schobbele schiese
Der Clown liegt auf der grünen Wiese
O flippele flappele floppele flittern
Minister predigt hinter Gittern
Am Himmel aber, bimmele bolken
Da sind noch viele dunkle Wolken
Und mancher, der noch sicher sitzt
Befürchtet, dass es noch mal blitzt
Doch jetzt ist die Geschichte aus
Und alle Kinder gehn nach Haus.

Dat Gerücht

Ji weiten doch, woans dat mit de lögenhaften
Gerüchten geiht. Dor vertellt een wat, un de
anner, de dat hürt hett, vertellt dat een bäten
anners wieder, un so geiht de Geschicht von
Mund to Mund un ännert sik, ward ümmer
duller un duller, un toletzt is dor ne ganz
anner Geschicht ut worden. So güng dat
ok mit de Geschicht von Lies un Len un dat
Kirschkarnspucken.

Lies un Len harn eenmal mit Fritz un Franz
üm de Wett spuckt, nich mit Spuck, sünnern
mit Kirschkarns. Lies un Len harn den Bogen
rut. Se måkten mit de Tungenspitz so een
Rullken, in dat de Kirschkarn akkråt rinpassen
deed. Un denn måkten se »flopp!«, un de
Kirschkarn flög bannig wiet, väl wieder as
de Kirschkarns von Fritz un Franz, de dat
mit dat Tungenrullken nich so gaud künnt.
Sülfstverständlich wiern Fritz un Franz een
bäten suer, dat Lies un Len wieder spucken
künnt as se. Awer so is dat in'n Sport, ein
möt ok verlieren kœnen. Un to Hus füngen
Fritz un Franz an, düchtig Kirschkarnspucken

Das Gerücht

Ihr wisst doch, wie das mit den lügenhaften Gerüchten geht. Da erzählt einer was, und der andere, der das gehört hat, erzählt das ein bisschen anders weiter, und so geht die Geschichte von Mund zu Mund und ändert sich, wird immer toller und toller, und zuletzt ist da eine ganz andere Geschichte draus geworden. So ging das auch mit der Geschichte von Lies und Len und dem Kirschkernspucken.

Einmal hatten Lies und Len mit Fritz und Franz um die Wette gespuckt. Nicht mit Spucke, sondern mit Kirschkernen. Lies und Len hatten den Bogen raus. Sie machten mit der Zungenspitze so ein Röllchen, in das der Kirschkern genau hineinpasste. Und dann machten sie flupp! Und der Kirschkern flog unheimlich weit, viel weiter als die Kirschkerne von Fritz und Franz, die das mit dem Zungenröllchen nicht so gut konnten. Natürlich waren Fritz und Franz ein bisschen sauer, dass Lies und Len weiter spucken konnten als sie. Aber so ist das eben im Sport, man muss auch verlieren können. Und zu Hause fingen Fritz und Franz an, tüchtig Kirschkernspucken

to äuwen, dormit se dat nächste Mål bäter afsnieden deeden.

As de Mudder von Fritz un Franz gewohr würd, dat ehre Kinner in'n Goorn Kirschkarns spuckten, fröch se, wat denn de Quatsch sull. Mit de Wiel fröch se ut de Jungs rut, wat passeert wier. Un vertellte de Geschicht den nächsten Dach ehren Nåwer, Herrn Fromme-Weise. De fünn Kirschkarnspucken nich blot blöd, sünnern ok gefihrlich. »Wie licht kann dat in't Og gåhn!«, säd hei. Un so vertellte hei de Såk sine Nåwern, Fru Klimpermunter, wieder.

Fru Klimpermunter dröp bi't Inköpen Fru Morgenschön. Un dor hürte sik de Geschicht all so an: »Weiten Se all, wat Lies un Len wedder anstellt harn? De harn mit Kirschkarns up Fritz un Franz spuckt, un den eenen is een Kirschkarn in't Og flågen.« – »Dat is ja fürchterlich«, säd Fru Morgenschön.

Korte Tied låter dröp Fru Morgenschön ehren Nåwer, Herrn Maibaum, up de Trepp un vertellte em de Geschicht so wieder: »Lies un Len hebben Fritz un Franz Kirschkarns in de

zu üben, damit sie nächstes Mal besser abschnitten.

Als die Mutter von Fritz und Franz mitkriegte, dass ihre Söhne im Garten Kirschkerne spuckten, fragte sie, was denn der Quatsch solle. Nach und nach fragte sie aus den Jungen heraus, was passiert war. Und erzählte die Geschichte am nächsten Tag ihrem Nachbarn, Herrn Fromme-Weise. Der fand Kirschkernspucken nicht nur blöd, sondern auch gefährlich. »Wie leicht kann das ins Auge gehen«, sagte er. Und so erzählte er die Sache seiner Nachbarin, Frau Klimpermunter, weiter.

Frau Klimpermunter traf beim Einkaufen Frau Morgenschön. Und da hörte sich die Geschichte schon so an: »Wissen Sie schon, was Lies und Len wieder angestellt haben? Die haben mit Kirschkernen auf Fritz und Franz gespuckt, und dem einen ist ein Kirschkern ins Auge geflogen.« – »Das ist ja furchtbar«, sagte Frau Morgenschön.

Kurz darauf traf Frau Morgenschön ihren Nachbarn, Herrn Maibaum, auf der Treppe und erzählte ihm die Geschichte so weiter. »Lies und Len haben Fritz und Franz Kirschkerne

Ogen spuckt. Un nu sünd beide up eenen
Og blind.« – »Dat is ja fürchterlich«, säd Herr
Maibaum.

in die Augen gespuckt. Und jetzt sind beide
auf einem Auge blind.« – »Das ist ja furchtbar«,
sagte Herr Maibaum.

Herr Maibaum seet åbends in de Kneip mit Herrn Wibbelmann tosåmen un vertellte em bi een poor Glas Bier de Geschicht so wieder: »Lies un Len hebben Fritz un Franz Kirschkarns in de Ogen spuckt. Un nu sünd se beid blind.« – »Dat is ja fürchterlich«, säd Herr Wibbelmann.

Herr Wibbelmann vertellte sine Fru de Geschicht so wieder: »Lies un Len hebben Fritz un Franz Kirschkarns in de Ogen spuckt. Un Fritz un Franz hebben de Kirschkarns trüchspuckt. Un nu sünd alle vier blind.« – »Dat is ja fürchterlich«, säd Fru Wibbelmann.

So güng dat Gerücht von Mund to Mund wieder un keem toletzt wedder to Herrn Fromme-Weise, de Lies un Len un de ehre Öllern nich mücht. Hei säd: »Dat kümmt davon, wenn ein Kinner mit Kirschkarns spucken lett.« Un hei wull to ehre Öllern gåhn un ehr seggen, dat se an dat Mallür schüllig weern. Awer up eenmal leepen Lies un Len un Fritz un Franz an em vörbi un wiern åpenbor gor nich blind. Herr Fromme-Weise verschlög dat eenen Ogenblick de Språk. As hei sin Språk wedderfunnen har, reep hei de Kinner

Herr Maibaum saß abends in der Kneipe mit Herrn Wibbelmann zusammen und erzählte ihm bei ein paar Gläsern Bier die Geschichte so weiter: »Lies und Len haben Fritz und Franz Kirschkerne in die Augen gespuckt. Und jetzt sind sie beide blind.« – »Das ist ja furchtbar«, sagte Herr Wibbelmann.

Herr Wibbelmann erzählte die Geschichte seiner Frau so weiter: »Lies und Len haben Fritz und Franz Kirschkerne in die Augen gespuckt. Und Fritz und Franz haben die Kirschkerne zurückgespuckt. Und jetzt sind sie alle vier blind.« – »Das ist ja furchtbar«, sagte Frau Wibbelmann.

So ging das Gerücht von Mund zu Mund weiter und kam schließlich wieder zu Herrn Fromme-Weise, der Lies und Len und deren Eltern nicht mochte. Er sagte bloß: »Das kommt davon, wenn man Kinder mit Kirschkernen spucken lässt.« Und wollte zu ihren Eltern gehen und ihnen sagen, dass sie an allem schuld seien. Aber plötzlich rannten Lies und Len und Fritz und Franz an ihm vorbei und waren offensichtlich gar nicht blind. Herr Fromme-Weise war einen Augenblick sprachlos. Als er seine Sprache wiedergefunden hatte, rief er hinter den Kindern

nåh: »Nanu, ik denk, ji kœnt nich mihr seihn.«
– »Jå, un hüren kœnen wi ok nich mihr«, säd
Lies. »Utverschåmte Kinner!«, schreech Herr
Fromme-Weise. »Un wat wullt ji nu all wedder
måken?« – »Wi gåhn Kirschkarnspucken!«,
reepen de vier un wiern all üm de nächste
Tråteneck verschwunnen.

her: »Nanu, ich denke, ihr seid blind.« – »Ja, und taub sind wir auch noch«, antwortete Lies. »Unverschämte Kinder!«, schrie Herr Fromme-Weise. »Und was wollt ihr jetzt schon wieder machen?« – »Wir gehen Kirschkernspucken!« riefen die vier und waren schon um die nächste Straßenecke verschwunden.

Dat Karussell

Dat wier mål en Kind, dat kennnt noch nich alle Würd. Un dat Kind har eenen Grotvadder, de wier so olt, dat hei väle Würd all wedder vergäten har.

Eenmal seten dat Kind un de Grotvadder näbenenanner an den Disch, un de Grotvadder målte mit eenen Pinsel un bunte Wåterfarwen schöne Biller up grote Popierbläder.

Tauierst wünscht sik dat Kind een Pierd. Un de Grotvadder målt een Pierd up dat Popier. Dat har eenen brunen Lief mit lange Beenen, eene schwarte Mähn, eenen schwarten Steert un schwarte Hauf. Un as dat Pierd farig wier, klatscht dat Kind in de Hänn un juchzt: »Dat is schön!«

Denn wünscht sik dat Kind een Auto. Un de Grotvadder målt en Auto up dat Popier. Dat wier rod un har Rœr mit schwarte Riepen. Un as dat Auto farig wier, klatscht dat Kind in de Hänn un juchzt: »Dat ist schön!«

Das Karussell

Es war einmal ein Kind, das kannte noch nicht alle Wörter. Und das Kind hatte einen Großvater, der war so alt, dass er viele Wörter schon wieder vergessen hatte.

Einmal saßen das Kind und der Großvater nebeneinander am Tisch, und der Großvater malte mit einem Pinsel und bunten Wasserfarben schöne Bilder auf große Papierblätter.

Zuerst wünschte das Kind sich ein Pferd. Und der Großvater malte ein Pferd aufs Papier. Es hatte einen braunen Körper mit langen Beinen, eine schwarze Mähne, einen schwarzen Schwanz und schwarze Hufe. Und als das Pferd fertig war, klatschte das Kind in die Hände und jubelte: »Das ist schön!«

Dann wünschte sich das Kind ein Auto. Und der Großvater malte ein Auto aufs Papier. Es war rot und hatte Räder mit schwarzen Reifen. Und als das Auto fertig war, klatschte das Kind in die Hände und jubelte: »Das ist schön!«

Awer denn wull dat Kind sik wat wünschen, wat et noch nich seggen künn. De Grotvadder süll en Karussell målen, un dat Kind wüsst nich dat Wuurt »Karussell«. Un dor füng dat Kind an to roren, un de Grotvadder wier ganz trurig, wiel hei nich wüsst, wat dat Kind wull.

Aber dann wollte das Kind sich etwas wünschen, was es noch nicht sagen konnte. Der Großvater sollte ein Karussell malen, und das Kind wusste nicht das Wort »Karussell«. Und da fing das Kind an zu weinen, und der Großvater war ganz traurig, weil er nicht wusste, was das Kind wollte.

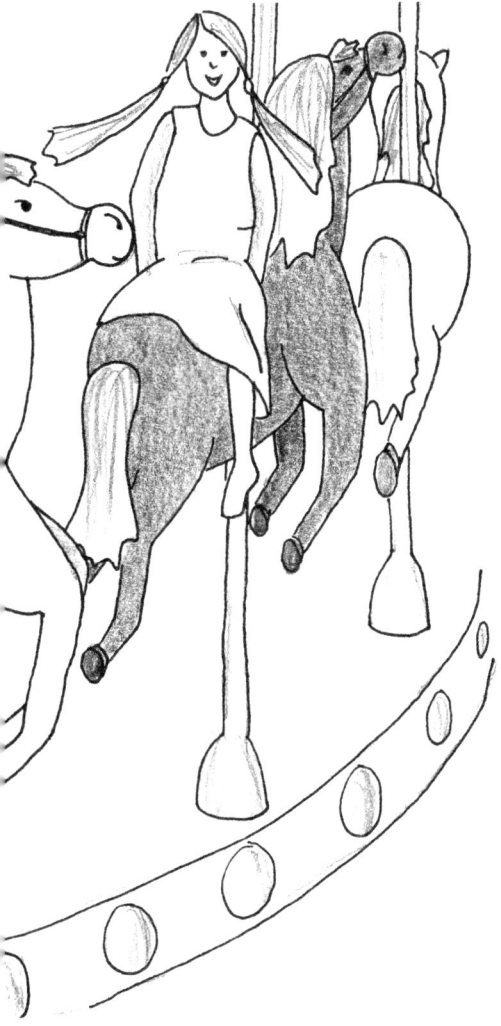

Dor nehm dat Kind den Grotvadder an
de Hand un güng mit em to'n Friemark.
Un dor wies dat Kind up een Karussell un
fröch. »Grotvadder, wo heit dat?« Awer de
Grotvadder har dat Wuurt »Karussell« vergäten
un säd: »Dat weit ik nich.«

Denn is de Grotvadder mit dat Kind ganz lang
Karussell fohren. Dat wier een Karussell mit
Pier, un dat Kind ritt up eenen schwarten un de
Grotvadder up eenen witten Pierd. Un dat Kind
reep ümmer wedder: »Dat is schön!«

To Hus målt de Grotvadder för dat Kind en
Karussell, een schönes buntes Karussell mit
schwarte, witte un brune Pier. »Is dat schön?«
fröch de Grotvadder. »Jå, dat is schön!« säd
dat Kind. Un dat Wuurt »Karussell« wüssten se
beid nich.

Da nahm das Kind den Großvater an die Hand und ging mit ihm zum Jahrmarkt. Und da zeigte das Kind auf ein Karussell und fragte den Großvater: »Wie heißt das?« Aber der Großvater hatte das Wort »Karussell« vergessen und sagte: »Ich weiß nicht.«

Dann ist der Großvater mit dem Kind ganz lange Karussell gefahren. Es war ein Karussell mit Pferden, und das Kind ritt auf einem schwarzen und der Großvater auf einem weißen Pferd. Und das Kind rief immer wieder: »Das ist schön!«

Zu Hause malte der Großvater dem Kind ein Karussell, ein schönes buntes Karussell mit schwarzen, weißen und braunen Pferden. »Ist das schön?«, fragte der Großvater. »Ja, das ist schön!«, sagte das Kind. Und das Wort »Karussell« wussten sie beide nicht.

Dat Schwiegen

Lies un Len wiern giern krank. Wenn dat nich gor to schlimm wier. Denn dörften se den ganzen Dach in't Bett bliewen, brukten sich nich to waschen un kreegen dat Äten bröcht. Manchmal leesen de Öllern ehr wat vör orre vertellten Geschichten un harn öwerhaupt mihr Tiet as süss. An schönsten awer wier, dat all Minschen se beduern deeden, wiel se so krank wiern.

Un so keem dat, dat Lies un Len manchmal krank spälten, wenn se gor nich richtig krank wiern. Denn måkten se een jämmerlichet Gesicht un säden: »Mi deit dat hier weih, un mi deit dat dor weih.« Un wenn de Mudder ehr dat Fewermeter geewen har, un se harn gor keen Fewer, denn jammerten se noch düller un säden, dat weer eben eene Krankheit åhn Fewer. »Wo heit denn deese Krankheit?«, fröch ehr Mudder. Un denn dachten se sik Nåmen för de Krankheit ut, de sik ganz latiensch anhürten. Morbus ridiculus. Orre: Nova stultitia. Orre: Pidipütpat. Orre: Hokus pocus fidibus. Orre so ähnlich. Un de

Das Schweigen

Lies und Len waren gern krank. Wenn es nicht gar zu schlimm war. Dann durften sie tagsüber im Bett bleiben, brauchten sich nicht zu waschen und kriegten das Essen gebracht. Manchmal lasen die Eltern ihnen etwas vor oder erzählten Geschichten und hatten überhaupt mehr Zeit als sonst. Am schönsten aber war, dass alle sie bedauerten, weil sie so krank waren.

Und so kam es, dass Lies und Len manchmal krank spielten, wenn sie gar nicht richtig krank waren. Dann machten sie ein jämmerliches Gesicht und sagten: »Mir tut's hier weh, und mir tut's da weh.« Und wenn die Mutter ihnen das Fieberthermometer gegeben hatte, und sie hatten gar kein Fieber, dann jammerten sie noch mehr und sagten, das sei eben eine neue Krankheit ohne Fieber. »Wie heißt denn die Krankheit?«, fragte die Mutter. Und dann erfanden sie Namen für die Krankheit, die sich ganz lateinisch anhörten. Morbus ridiculus. Oder: Nova stultitia. Oder: Pidipütpat. Oder: Hocuspokus fidibus. Oder so ähnlich. Und die

Mudder måkte een iernstes Gesicht un füng ierst an to lachen, wenn se ut de Dör wier.

Meisttiet würden Lies un Len wedder gesund, wenn ehr de Krankenkost nich mihr schmecken deed. Denn wegger krank is, de dörf ja nich alls äten. Blot Håwergrütt mit Tweiback un sowat. Un dat müchten Lies un Len nich so giern.

Awer eenmal duert de Krankheit tämlich lang. Se har keenen latienschen Nåmen, sünnern heet: dat Schwiegen. To'n Glück wier tauierst blot Lies krank, so dat Len de Mudder de Krankheit von ehre Swester verkloren künn: »Lies kann nich mihr spräken«, säd Len. »Dat is ja fürchterlich«, säd de Mudder, »hoffenlich is dat nich anstäkend.« Awer da wier dat all passeert, Len künn ok nich mihr spräken. Wenn de Mudder wat fröch, »Hebbt ji Hunger?« orre »Willt ji slåpen?«, denn nickköppten orre schüddköppten Lies un Len, awer se bröchten keen Wuurt ruter.

Eenmal lustern Lies un Len, as ehre Öllern öwer se räden deeden, un hürten, wie de Mudder to den Vadder säd: »De Kinner spälen mål

Mutter machte ein ernstes Gesicht und fing erst an zu lachen, wenn sie aus der Tür war.

Meistens wurden Lies und Len wieder gesund, wenn ihnen die Krankenkost nicht mehr schmeckte. Denn wer krank ist, darf natürlich nicht alles essen. Nur Haferschleim mit Zwieback und so was. Und das mochten Lies und Len nicht so gern.

Aber einmal dauerte die Krankheit ziemlich lange. Sie hatte keinen lateinischen Namen, sondern hieß: das Schweigen. Zum Glück war zuerst nur Lies erkrankt, sodass Len der Mutter die Krankheit ihrer Schwester erklären konnte: »Lies kann nicht mehr sprechen«, sagte Len. »Das ist ja furchtbar«, sagte die Mutter, »hoffentlich ist das nicht ansteckend.« Aber da war es schon passiert, Len konnte auch nicht mehr sprechen. Wenn die Mutter etwas fragte, »Habt ihr Hunger?« oder »Wollt ihr schlafen?«, dann nickten oder wackelten Lies und Len mit dem Kopf, aber sie brachten kein Wort heraus.

Einmal belauschten Lies und Len ein Gespräch zwischen den Eltern und hörten, wie die Mutter zum Vater sagte: »Die Kinder spielen mal

wedder krank.« Dor säd Lies to Len: »Hest hürt? De glöwen uns gor nich, dat wi krank sünd.« – »Jå«, säd Len, »nu bliewen wi krank.« Un so eeten se lange Tied alle Dåch Håwergrütt un Tweiback un schweegen von früh bät låt.

wieder krank.« Da sagte Lies zu Len: »Hast du gehört? Die glauben uns gar nicht, dass wir krank sind.« – »Ja«, sagte Len, »jetzt bleiben wir krank.« Und so aßen sie tagelang Haferschleim mit Zwieback und schwiegen von früh bis spät.

Mit de Tiet måkten de Öllern sik doch iernstlich Sorgen un leeten de Fru Husdoktern kåmen. Dat wier eene sihr klauke Fru, de för alls een Råt weiten deed. »Jå, de armen Kinner kœnen gor nich mihr spräken«, säd se, »dat is eene sihr schwere Krankheit. Dor gifft dat nur een Mittel, se möten singen.« Un denn füng se an to singen: »De Mai de is kåmen…« Lies un Len keeken sik an. Se dachten beid: Wat för een Glück, dat uns de Fru Dokter wedder gesund måken deed. Denn se harn nich blot von de Håwergrütt un den Tweiback nauch, sünnern ok von dat Schwiegen, un harn blot noch ut Dickköppigkeit schweegen. Un denn måkten se den Mund up, un dor keemen würklich Töne rut: »De Mai de is kåmen, de Böm de schlågen ut, dor bleew de, de Lust hett, mit Sorgen to Hus.« – »Nu müsst ji noch ne Tiet lang singen un ümmer mit Wåter nåspäulen«, säd Fru Doktern, »denn kümmt de Språk mit de Tiet von sülfst wedder.«

Jå, so sünd Lies un Len ok von deese Krankheit wedder upkåmen.

Schließlich machten die Eltern sich doch Sorgen und ließen die Hausärztin kommen. Das war eine sehr kluge Frau, die für alles Rat wusste. »Ja, die armen Kinder können gar nicht mehr sprechen, das ist eine schlimme Krankheit. Da gibt es nur ein Mittel«, sagte sie, »sie müssen singen.« Und dann fing sie an zu singen: »Der Mai ist gekommen…« Lies und Len guckten sich an. Sie dachten beide: Was für ein Glück, dass uns die Frau Doktor jetzt wieder gesund macht. Denn sie hatten nicht nur den Haferschleim und den Zwieback, sondern auch das Schweigen satt und hatten nur noch aus Trotz geschwiegen. Und dann machten sie den Mund auf, und es kamen wirklich Töne heraus: »Der Mai ist gekommen, die Bäume schlagen aus. Da bleibe, wer Lust hat, mit Sorgen zu Haus.« – »Jetzt müsst ihr noch eine Zeit lang singen und immer mit Wasser nachspülen«, sagte Frau Doktor, »dann kommt mit der Zeit das Sprechen von selbst wieder.«

Ja, so sind Lies und Len auch von dieser Krankheit wieder genesen.

De Lögenapparåt

Up den Flöhmark kœnen ok Kinner alles
Mœgliche verköpen, olles Spältüch, Poppen,
Teddybären, Böker, Hefte un all so'n Kråm, den
se nich mihr bruken. Männigein sitt stunnenlang
up de Ströt un beid sinen Kråm to'm köpen an,
weck hebben Glück un warden wat los, anner
verköpen kum wat un möten ehr Tüch wedder
mit nå Hus nähmen.

Lies un Len hürten tau de Kinner, de gaud
verköpen deeden. Se harn nämlich eenen
niegen Utfund antobeiden, de süss nüms har.
»LÖGENAPPARÅTE TO VERKÖPEN« stünn
up eenen Schild, dat se näben ehren Platz
upstellt harn. Un de Lüd bleewen ståhn un
keeken un leeten sik verkloren, wat dat mit de
Lögenapparåten up sik har.

Ut olle Rietstiekenschachteln harn Lies un Len
ehre Lögenapparåte buucht. Ji weit doch,
wie Rietstiekenschachteln utseihn? Wenn
ein an de Innenschachtel schuuwt, kümmt
se ut de Hüll rut, ein kann wat rindaun un de
Schachtel wedder in de Hüll rinschuben.

Der Lügenapparat

Auf dem Flohmarkt können auch Kinder alles Mögliche verkaufen, altes Spielzeug, Puppen, Teddybären, Bücher, Hefte und lauter solchen Kram, den sie nicht mehr brauchen. Viele sitzen stundenlang auf der Straße und bieten ihre Ware zum Kauf an, manche haben Glück und werden einiges los, andere verkaufen kaum etwas und müssen ihr Zeug wieder mit nach Hause nehmen.

Lies und Len gehörten zu den Kindern, die gut verkauften. Sie hatten nämlich eine neue Erfindung anzubieten, die sonst niemand hatte. »LÜGENAPPARATE ZU VERKAUFEN« stand auf einem Schild, das sie neben ihrem Platz aufgestellt hatten. Und die Leute blieben stehen und schauten und ließen sich erklären, was es mit den Lügenapparaten auf sich hatte.

Aus alten leeren Streichholzschachteln hatten Lies und Len ihre Lügenapparate gebaut. Ihr wisst doch, wie Streichholzschachteln aussehen? Wenn man an der Innenschachtel schiebt, kommt sie aus der Hülle heraus, man kann etwas hineintun und die Schachtel wieder in

De Schachtel kümmt awer ok rut, wenn ein eenen Fåden mit eenen Knop an de Schachtel fastmåkt, em dörch een Lock dörch de Hüll stäkt un denn an den Fåden treckt. De Löcker möten blot so bohrt sin, dat dat würklich fungscheneert. Lies un Len harn den Bogen rut. Un se läden in de Innenschachteln Biller, de se sülfst målt harn. Dat wiern Gesichter, de lachten orre de Tung rutstreckten un schön bunt wiern. Un wenn ein den Lögenapparåt seihn wull, denn treckten se an den Fåden un de Schachtel flutschte rut un wies een Gesicht, dat lachte orre de Tung rutstreckte.

»Un worüm heit dat Ding Lögenapparåt?«, wullen de Lüd weiten.
»Wiel ein dormit Lögen entdecken kann«, säden Lies un Len.
»Wo geiht dat?«, frögen de Lüd. Un Lies un Len verklorten ehr den Apparåt.
»Wenn Se to'n Bispill vör den Fiernseihapparåt sitten«, säd Lies, »un dor rädt een luter klauke Såken, den willen Se doch weiten, ob hei de Wohrheit seggt orre lücht.«
»Jå, dat stimmt«, säden de Lüd.
»Un denn nähmen Se einfach den

die Hülle schieben. Die Schachtel kommt aber auch heraus, wenn man einen Faden mit einem Knopf an der Schachtel befestigt, ihn durch ein Loch durch die äußere Hülle steckt und dann an dem Faden zieht. Die Löcher müssen nur so gebohrt sein, dass es wirklich funktioniert. Lies und Len jedenfalls hatten den Bogen raus. Und sie legten in die Innenschachteln Bilder, die sie selber malten. Das waren Gesichter, die lachten oder die Zunge rausstreckten und schön bunt waren. Und wenn jemand den Lügenapparat sehen wollte, dann zogen sie am Faden und die Schachtel flutschte heraus und zeigte ein Gesicht, das lachte oder die Zunge rausstreckte.

»Und warum heißt das Ding Lügenapparat?«, wollten die Leute wissen.
»Weil man damit Lügen entdecken kann«, sagten Lies und Len.
»Wie geht denn das?«, fragten die Leute. Und Lies und Len erklärten ihnen den Apparat.
»Wenn Sie zum Beispiel vor dem Fernseher sitzen«, sagte Lies, »und da redet einer lauter kluge Sachen, dann wollen Sie doch wissen, ob der die Wahrheit sagt oder lügt.«
»Ja, das stimmt«, sagten die Leute.
»Und jetzt nehmen Sie einfach den

Lögenapparåt un trecken an de Stripp –
flutsch!«, säd Len. »Un wenn de Klaukschieter
up den Fiernseihschirm lågen hett, denn ward
hei mit eins rod.«

»Wat? Richtig rod?« frögen de Lüd.

»Jå, orre blåch«, säd Lies. »Manchmal
ok gräun«, säd Len. »Orre gäl«, säd Lies.
»Orre dat giwwt Mattschief«, säd Len, »blot
Sneidrieben orre so.«

»Un geiht dat blot bi't Fiernseihn orre ok so?«,
frögen de Lüd.

»Nee, dat geiht ok so«, säd Lies, »wenn Se sik
mit een annern unnerhollen, denn måken Se mit
den Apparåt so – flutsch! –, un wenn de anner
lücht, denn ward hei rod.«

»Dat is jå en duller Apparåt«, säden de Lüd,
»awer fungscheneert de ok würklich?«

»Ganz säker«, säden Lies un Len. »Awer dor is
noch eene Såk«, säd Len, »de Lögenapparåt
fungscheneert blot bi Lüd, de sülfst ümmer de
Wohrheit seggen.«

Dor keeken de Lüd sik en bäten bedråpen an
un wiern stumm. Un wiel keinein taugäben
wull, dat hei männigmal lücht, wullen alle den
Apparat köpen. »Wat kost de denn?«, frögen
de Lüd. »Blot fiftig Cent«, säden Lies un Len.

Lügenapparat und ziehen an der Strippe
– flutsch!«, sagte Len. »Und wenn der
Klugscheißer auf dem Fernsehschirm gelogen
hat, dann wird er plötzlich rot.«
»Was? Richtig rot?«, fragten die Leute.
»Ja, oder blau«, sagte Lies. »Manchmal auch
grün«, sagte Len. »Oder gelb«, sagte Len.
»Oder es gibt Mattscheibe«, sagte Lies, »nur
Schneetreiben und so.«
»Und geht das nur beim Fernsehen oder auch
so?«, fragten die Leute.
»Nein, das geht auch so«, sagte Lies, »wenn
Sie sich mit jemand anderem unterhalten, dann
machen Sie mit dem Apparat so – flutsch! –,
und wenn der andere lügt, dann wird er rot.«
»Das ist ja ein toller Apparat«, sagten die Leute,
»aber funktioniert der auch wirklich?«
»Ganz bestimmt«, sagten Lies und Len. »Aber
da ist noch eine Sache«, sagte Len, »der
Lügenapparat funktioniert nur bei Leuten, die
selber immer die Wahrheit sagen.«

Da guckten sich die Leute an und waren stumm.
Und weil keiner zugeben wollte, dass er
manchmal lügt, wollten alle den Apparat kaufen.
»Was kostet er denn?«, fragten die Leute. »Nur
50 Pfennig«, sagten Lies und Len. Und sie riefen

Un se reepen so lut, as dat Lüd daun, de up de Strååt wat to verköpen hebben: »Blot fiftig Cent för den Lögenapparåt! Blot fiftig Cent för de Wohrheit! Lüd, köfft den Lögenapparåt, wenn ji nich mihr belågen warden willt!«

Un de Lüd köfften un köfften. Un bald wiern Lies un Len ehre ganzen Lögenapparåte los un harn een schönen Hümpel Geld innåhmen.

Wat meint ji woll, ob de Lüd sik beschwert hebben, wenn de Lögenapparåt to Hus nich fungscheneert hett? Ik glöw nich. Denn dat künn jå doran liggen, dat se nich ümmer de Wohrheit seggen. Un wegger will dat woll taugäben. Awer de ein orre anner hett sik villicht doch argert, dat hei den Apparåt nich glieks up den Flöhmark utprobeert hett. Denn eigentlich harn Lies un Len doch rod warden müsst. Orre?

es etwas lauter, so wie eben Leute rufen, die auf der Straße etwas verkaufen: »Nur 50 Pfennig für den Lügenapparat! Nur 50 Pfennig für die Wahrheit! Leute, kauft den Lügenapparat, wenn ihr nicht mehr belogen werden wollt!«

Und die Leute kauften und kauften. Und bald waren Lies und Len ihre ganzen Lügenapparate los und hatten einen schönen Haufen Geld eingenommen.

Was meint ihr wohl, ob sich die Leute beschwert haben, weil der Lügenapparat zu Hause nicht funktionierte? Ich glaube nicht. Denn es konnte ja daran liegen, dass sie selbst nicht immer die Wahrheit sagen. Aber der eine oder andere hat sich vielleicht doch geärgert, dass er den Apparat nicht gleich auf dem Flohmarkt ausprobiert hat. Denn eigentlich hätten Lies und Len doch rot werden müssen. Oder?

De untrue Mullworpen

Herr Mullworp un Fru Mullworpen
De läwten johrlang för sik hen.
Doch keem de Dåch, dor wier dat ut,
Fru Mullworpen güng bramsig rut.
»Wo willst du hen?«, hett hei noch språken.
Sin Hart wier lieksterwelt all bråken.
Se säd: ik måk mi ümmer fein
Un du, wie dumm, kannst dat nich seihn.
Denn hei, as Mullworps dat so sünd,
Hei wier up beide Ogen blind.
»Un wo«, fröch hei, »wo wist du hen?«
Ik buddel nåh Brasilien.
Herr Mullworp kreeg een groten Schreck
Doch se groow all nå unnen weg.
»Hier geiht dat lang!«, reep hei nå unnen
Doch se wier in de lerd verschwunnen.
De Fru har up de Schaul all lihrt
Ne runne Kugel is de lerd,
Ein bohrt nå unnen grådeut
Un kümmt denn drœben wedder rut.
So bohrte se ne gaude Tiet
Un keem ok würklich tämlich wiet
Un in acht Dågen keem se denn
Ok würklich nå Brasilien.

Die untreue Maulwürfin

Herr Maulwurf und Frau Maulwürfin
Die lebten Jahr für Jahr dahin.
Doch eines Tages war es aus
Frau Maulwürfin ging aus dem Haus.
Wo willst du hin? rief er ihr nach
Dieweil ihm fast das Herze brach.
Sie sprach: Ich mach mich immer schön
Und du, wie dumm, kannst es nicht sehn.
Denn er – wie Maulwürfe so sind –
Er war auf beiden Augen blind.
Und wo, fragt er, wo willst du hin?
Ich grabe nach Brasilien.
Herr Maulwurf kriegte einen Schreck.
Doch sie grub schon nach unten weg.
Hier geht es lang! rief er. Jedoch
Sie hinterließ nur noch ein Loch.
Schon auf der Maulwurfsschule wusste
Man die Gestalt der Erdenkruste:
Man bohrt nach unten gradeaus
Und kommt dann drüben wieder raus.
So bohrte sie 'ne gute Woche
An ihrem tiefen Erdenloche.
Und eines Tages kam sie denn
Auch wirklich nach Brasilien.

Doch as se eenen Mullworp findt
Is dese grådemang so blind.
Dor süüfzt se deep un deed sik leed
Dat se de lerd dörchgråwen deed.
Doch bleew se denn mit deesen Mann tosåmen
So is se nich to eenen bätern doch to eenen
niegen kåmen.

Doch als sie einen Maulwurf findet,
Ist dieser ebenfalls erblindet.
Sie seufzte tief und tat sich leid:
Und dafür grub ich nun so weit!
Doch blieb sie diesem Maulwurf treu,
Er war nicht besser, aber neu.

Eene Fohrt mit'n Taxi

Dat wier mål een Mann, de wier bi Fründen
to Besäuk west un har väl Win drunken. To'n
Schluss wier hei nich mihr ganz fast up de
Beenen. Dor wull hei nå Hus führen. Sin Auto
stünn vör de Dör, awer wenn ein to väl Win
drunken hett, sall ein jå nich mihr Auto führen.
Dorüm säd hei to sinen Fründ: »Bestell mi doch
bittschön een Taxi!« De Fründ güng an't Telefon:
»Hallo! Bitte en Taxi nå de Kornblumenstråt
sœben.«

Poor Minuten låter klingelt dat an de Husdör
– ding-dong. »Din Taxi is dor«, säd de Fründ.
De Mann güng de Trepp runner, de een Hand
an dat Treppengelänner, de anner up de
Schuller von sin Fründ. Na, de torkelt jå ganz
schön, dachte de Taxifohrer, awer hei säd nix,
Hauptsåk, hei kann betåhlen. »Ik mücht to de
Radieschenstråt nägenunnägentig«, säd hei
to den Taxifohrer. Un de Taxifohrer bröcht em
richtig vör de Husdör.

»Dat måkt twölf Euro«, säd de Taxifohrer.
»Dunnerlichting!«, säd de Mann, »ik heff

Eine Fahrt mit dem Taxi

Es war einmal ein Mann, der war bei
Freunden zu Besuch gewesen und hatte viel
Wein getrunken. Zum Schluss schwankte
er. Da wollte er nach Hause fahren. Sein
Auto stand vor der Tür. Aber wenn man viel
Wein getrunken hat, darf man ja nicht Auto
fahren. Darum sagte er zu seinem Freund:
»Bestell mir doch bitte ein Taxi!« Der Freund
ging ans Telefon: »Hallo! Bitte ein Taxi zur
Kornblumenstraße Nummer 7.«

Bald darauf klingelte es an der Haustür, ding-
dong. »Dein Taxi ist da«, sagte der Freund. Der
Mann ging die Treppe runter, die eine Hand am
Treppengeländer, die andere auf der Schulter
seines Freundes. Na, der schwankt ja ganz
schön, dachte der Taxifahrer, aber er sagte
nichts, Hauptsache, er kann bezahlen. »Ich
möchte zur Radieschenstraße Nummer 99«,
sagte der Mann und stieg ins Taxi ein. Und der
Taxifahrer brachte ihn richtig vor seine Haustür.

»Das macht 12 Euro«, sagte der Taxifahrer.
»Ach du meine Fresse«, sagte der Mann, »ich

min Portmanee vergäten. Fohren Se mi noch mål trööch to de Kornblumenstråt, min Fründ kann mi uthelpen.« Na, de Taxifohrer mummelt sik wat in den Bort, awer hei führte trööch to de Kornblumenstråt, un de Mann klingelte noch mål an de Husdör von sinen Fründ. Ding-dong, ding-dong. Awer dor måkte keinein up, dat Licht wier ut, de Fründ slöp woll all.

De Mann säd: »So een…!« Nee, de Mann säd: »Fohren Se mi wedder to de Radieschenstråt, ik heff noch Geld to Hus.« – »Worüm hebben Se dat nich glieks seggt!«, schimpte de Taxifohrer, awer hei führte den Mann noch mål bät vör sine Husdör.

»Dat måkt nu sössundörtig Euro«, säd de Taxifohrer. De Mann steeg ut, torkelte to sine Husdör, söcht den Schlœtel, ierst in de linke Hosentasch, denn in de rechte Hosentasch, denn in de linke Jackentasch, denn in de rechte Jackentasch.

»De Schlötel is wech«, säd de Mann. »Dat heff ik mi dacht«, säd de Taxifohrer. De Mann keek dörch dat Schlœtellock.

habe mein Portemonnaie vergessen. Fahren Sie mich noch mal zurück zur Kornblumenstraße, mein Freund kann mir Geld leihen.« Na, der Taxifahrer murmelte sich was in den Bart, aber er fuhr zurück zur Kornblumenstraße, und der Mann klingelte noch mal an der Haustür seines Freundes. Ding-dong, ding-dong. Aber es machte niemand auf, es brannte kein Licht mehr, der Freund schlief wohl schon.

Der Mann sagte: »So eine …« Nein, der Mann sagte: »Fahren Sie mich wieder zur Radieschenstraße, ich hab noch Geld zu Hause.« – »Das hätten Sie auch gleich sagen können«, schimpfte der Taxifahrer, aber er fuhr den Mann noch mal bis vor seine Haustür.

»Das macht jetzt 36 Euro«, sagte der Taxifahrer. Der Mann stieg aus, schwankte zu seiner Haustür, suchte nach dem Hausschlüssel, erst in der linken Hosentasche, dann in der rechten Hosentasche, dann in der linken Jackentasche, dann in der rechten Jackentasche.

»Der Schlüssel ist weg«, sagte der Mann. »Das hab ich mir gedacht«, sagte der Taxifahrer. Der Mann schaute durchs Schlüsselloch. »Ich

»Ik glöw, de Schlötel steckt von innen. Un keinein to Hus.«

»Nu heff ik nauch«, säd de Taxifohrer, »nu bring ik Sei to de Polente.«

»Ehr Geld kreegen Se morgen«, säd de Mann, »fohren Se mi in een Hotel.«

Se führten los, awer nich in't Hotel, sünnern to de Polizeiwach. »Dat is jå een komisches Hotel«, säd de Mann, »awer wenn de een Timmer mit Bad hebben, denn bliew ik hier.« De hett jå en Vågel, dachte de Taxifohrer.

»Bitte nähmen Se Platz«, säd de Schandarm hinner de Schriefmaschin. »De Herr bestellt een Taxi un kann nich betåhlen«, säd de Taxifohrer. De Schandarm belihrte den Mann: »Se bruken nich utseggen. Se kœnen sik ok von eenen Afkåten beråden låten.« – »Dat is ne gode Idee«, säd de Mann. »Üm dese Tiet slåpen Afkåten«, säd de Taxifohrer un keek up de Klock. Dat wier Klock dree.

»Måkt nix«, säd de Mann un leet sik dat Telefon gäwen. Hei drückte de Tasten un

glaube, der Schlüssel steckt von innen. Und niemand zu Hause.«

»Jetzt reicht's mir aber«, sagte der Taxifahrer, »jetzt bring ich Sie zur Polizei.«

»Ihr Geld kriegen Sie morgen«, sagte der Mann, »fahren Sie mich ins Hotel.«

Sie fuhren wieder los, aber nicht ins Hotel, sondern zur Polizeiwache. »Das ist ja ein komisches Hotel«, sagte der Mann, »aber wenn die ein Zimmer mit Bad haben, bleibe ich hier.« Der hat ja einen Vogel, dachte der Taxifahrer.

»Bitte nehmen Sie Platz«, sagte der Polizist hinter der Schreibmaschine. »Der Herr bestellt sich ein Taxi und kann nicht bezahlen«, sagte der Taxifahrer. Der Polizist belehrte den Mann: »Sie brauchen nicht auszusagen. Sie können sich auch von einem Rechtsanwalt beraten lassen.« – »Das ist eine gute Idee«, sagte der Mann. »Um diese Zeit schlafen Rechtsanwälte«, sagte der Taxifahrer und schaute auf die Uhr. Es war drei Uhr.

»Macht nichts«, sagte der Mann und ließ sich das Telefon geben. Er drückte die Tasten und

müsst lang täuwen, bät sik wer mellte. »Hallo, Herr Afkåt. Hier is Wibbelmann. Ik bün bi de Polizei un bruk eenen Råt. Nee, eegentlich bruk ik blot Geld. Kœnen Se mi villicht sössundörtig Euro pumpen?« De Afkåt hålte deep Luft, un denn schreech hei: »Dat is Klock dree nachts, Sei Håmel! Sei kœnen mi mål den Puckel runnerrutschen!« Zack! »För deesen Råt kreegen Se säker ok noch ne Rechnung«, säd de Taxifohrer.

musste lange warten, bis sich jemand meldete. »Hallo, Herr Rechtsanwalt. Hier ist Wibbelmann. Ich bin bei der Polizei und brauche Rat. Nein, eigentlich brauche ich nur Geld. Können Sie mir vielleicht 36 Euro borgen?« Der Rechtsanwalt holte tief Luft, und dann schrie er: »Es ist 3 Uhr nachts, Sie Hammel! Sie können mir mal den Buckel runterrutschen!« Zack! »Für diesen Rat kriegen Sie sicher auch noch eine Rechnung«, sagte der Taxifahrer.

Herr Glotzmann

Herr Glotzmann seet von fröh bät låt
Vör sinen Fiernseihapparåt,
Güng nie spazeeren up de Stråten
Üm keene Sendung uttolåten,
Un Danzen güng hei nie in Läben
In't Timmer is hei inspunnt bläben.
Hei spält nich Fautball, geiht nich båden
Un keinein würd tau Disch inlåden.
Deed nix von Sünn un Måndschien weiten
Weit nich wie Böm un Blomen heiten
Weit nix von Leif un nix von Truer,
Weit nich ob Mäken seut orr suer
Hei schiert sik nich üm Krieg un Knall
Em kümmert ok keen Unglücksfall.
Nur wat de Glotze em vertellt,
Dat hürt hei von de Butenwelt.
Hei sitt in'n Lähnstauhl, supt sin Bier
Un secht: »Dat is väl schöner hier.
Worüm sall ik nå buten gåhn,
Ik bruk jå nich eenmål to ståhn.
Ik sitt in'n Lähnstauhl, bün besåpen
Kiek Fiernsehn un kann nåhsten slåpen.«
Hei blifft in'n Lähnstauhl œwer Nacht
Bät hei an'n Vörmiddag upwacht. -

Herr Glotzmann

Herr Glotzmann saß von früh bis spät
Vor seinem großen Glotzgerät.
Ging nie spazieren auf den Straßen,
Um keine Sendung zu verpassen,
Ging nie zum Tanz, nie ins Konzert,
Blieb stets im Zimmer eingesperrt.
Er spielt nicht Fußball, geht nicht baden,
Kein Gast ward je zu ihm geladen,
Weiß nichts von Liebe, nichts von Trauer,
Kennt Sonne nicht und Regenschauer.
Er hat nie Blumenduft gerochen,
Sich nie an einem Dorn gestochen.
Ihn kümmert auch kein Unglücksfall,
Ihn stört kein Blitz, kein Krieg, kein Knall.
Erst in der Form von Bildberichten
Interessieren ihn Geschichten.
Er sitzt im Sessel, trinkt sein Bier
Und spricht: »Es ist viel schöner hier.
Warum soll ich nach draußen gehen?
Ich kann ja drinnen alles sehen.«
Dann sieht er alles, was man sendet
Und schläft, wenn das Programm beendet,
Im Fernsehsessel ausgestreckt,
Bis ihn die Morgenröte weckt.

Doch eenmål hett dat bi de Nacht
In't Näbentimmer bannig kracht.
Em wier all von dat Fiernseihspäl
Dat Kribbeln up de Hut to väl.
Doch wat in'n Fiernseihn dor gescheiht
Dat würd nu würklich Würklichkeit.
De Dör geiht up, dat Licht geiht an,
Dree Mannslüd kåmen dor von buten
Mit Masken un mit schwarte Schnuten
Sin Bier griept sich de eene Mann
De annern lachen blot ganz frech
Un nähmen em de Glotze wech.
Herr Glotzmann secht to dese Lüd
Wo giern hei noch to Ende süht,
Wat up den Fiernseihschirm is båden.
Doch de ward up ne Schuwkoor låden
Un Glotzmann hülp nich all sin Bidden
Hei bleew alleen in'n Lähnstauhl sitten.
Hei seet noch bät to'n frühen Dågen
Dunn har sin Hart uphürt to slågen. -
Jå, dit wier nu de Moritåt
Von Glotzmanns Fiernseihapparåt.

Doch eines Nachts, er war noch wach,
Hört er im Nebenzimmer Krach.
Vom Krimi, den er grade schaut,
Hat er schon eine Gänsehaut.
Doch alles, was er grade sieht,
Nun in der Wirklichkeit geschieht.
Es öffnet knarrend sich die Tür,
Ein schwarzer Arm greift nach dem Bier,
Die Taschenlampe blendet grell,
Im Zimmer wird es plötzlich hell,
Drei Männer mit geschwärzten Wangen
Begierig nach der Glotze langen.
»Darf ich«, spricht Glotzmann, »bitte schön,
Den Krimi noch zu Ende sehn?«
Doch herzlos war das Diebespack
Und steckt die Glotze in den Sack.
Allein blieb Glotzmann nun zurück,
Verloren war sein bestes Stück.
Saß noch im frühen Morgenrot
In seinem Sessel und war tot.
Und die Moral von der Geschicht?
Verlieb dich in die Glotze nicht.

Herrn Hatunoglu sin Gitarr

Fru Amanda Klimpermunter spälte oft un giern Klavier. Awer se wåhnte in een grotes Meidhus. Un dor geew dat männigmål Arger mit de anner Meiders. Denn de Wänn un de Decken von dat Hus wiern dünn.

In de Wåhnung, de unner Fru Klimpermunter ehr Wåhnung leeg, wåhnte Herr Maibaum. Wenn båben Klavier spält würd, fäulte sik Herr Maibaum in sine Rauh stüürt un schimpte. Denn stött hei en poormål mit sinen Bessenstäl an de Deck. Awer Fru Klimpermunter spälte wieder. Un so lechte sik Her Maibaum eenes Dågs 'ne Trumpet tau. Un ümmer wenn Fru Klimpermunter ehr Klaviermusik losgåhn deed, trumpetet hei kräftig dorgägenan.

Dat stüürte nu Herrn Maibaum sinen Nåwer, de sik all œwer dat Klavier nauch argert har. Un nu ok noch de Trumpet, dat wier to väl. En poormål kloppte hei mit sin holten Tüffel gägen de Wand. Awer Herr Maibaum trumpetet wieder. Un so lechte sik de Nåwer, hei heet Fromme-Weise, een Bassuun tau. Un

Die Gitarre des Herrn Hatunoglu

Frau Amanda Klimpermunter spielte oft und gern Klavier. Aber sie wohnte in einem großen Mietshaus. Und da gab es manchmal Ärger mit den Mietern der Nachbarwohnungen. Denn die Wände und Decken des Hauses waren dünn.

In der Wohnung unter Frau Klimpermunter wohnte Herr Maibaum. Wenn oben Klavier gespielt wurde, fühlte sich Herr Maibaum in seiner Ruhe gestört und schimpfte. Dann stieß er ein paarmal mit einem Besenstiel an die Decke. Aber Frau Klimpermunter spielte weiter. Und so schaffte sich Herr Maibaum eines Tages eine Trompete an. Und immer wenn Frau Klimpermunters Klaviermusik losging, trompetete er kräftig gegen an.

Das störte nun den Nachbarn des Herrn Maibaum, der sich schon über das Klavier genug geärgert hatte. Und jetzt auch noch die Trompete, das war zu viel. Ein paarmal klopfte er mit einem Holzpantoffel gegen die Wand. Aber Herr Maibaum trompetete weiter. Und so schaffte sich der Nachbar, er hieß Fromme-

ümmer, wenn dat Klavier un de Trumpet in't Hus tönten, blies hei lut as een Elefant up de Bassuun.

Awer dat stüürte nu Fru Morgenschön, de Wand an Wand mit Herrn Fromme-Weise wåhnte. En poormål slög se mit den Kåkläpel gägen de Wand, awer dat kümmerte ehren Nåwer nich. Un so köffte se sik eene Fläut un düdelte dortwischen, wenn de annern Musikanten in't Hus loslechten.

Dat stüürte nu Herrn Bollermann, de unner Fru Morgenschön wåhnte. Hei köffte sik en Slachtüch un hauchte, wenn de annern rümtönten, kräftig up de Pauk. Dat geew nu alle Dåch een Höllenlarm in dat Hus, een fürchterlichet Dörchenanner – tüdelüdelüt-bumsbums-trärä-trara-bumspeng… Wenn ein sik up de Trepp dröp, deed keinein den annern gräuten, ein knallt mit de Dören, dat geew ümmer Krach in't Hus, ok wenn nüms Musik måken deed.

Awer denn tröck Herr Hatunoglu in dat Hus in, een Utlänner, as ein dat all an den Nåmen gewohr ward. Hei bröcht ne Gitarr mit un

Weise, eine Posaune an. Und immer wenn das Klavier und die Trompete im Haus ertönten, blies er laut wie ein Elefant auf der Posaune.

Aber das störte nun Frau Morgenschön, die Wand an Wand mit Herrn Fromme-Weise wohnte. Ein paarmal schlug sie mit dem Kochlöffel gegen die Wand, aber das kümmerte ihren Nachbarn nicht. Und so kaufte sie sich eine Flöte und düdelte dazwischen, wenn die anderen Musikanten im Haus loslegten.

Das störte nun Herrn Bollermann, der unter Frau Morgenschön wohnte. Er kaufte sich ein Schlagzeug und haute, wenn die anderen herumtönten, kräftig auf die Pauke. Das gab nun alle Tage einen Höllenlärm im Haus, ein fürchterliches Durcheinander – tüdelüdelüt-bumsbums-trärä-trara-bumspeng… Wenn man sich auf der Treppe traf, grüßte keiner den anderen, man knallte mit den Türen, es gab immer Krach im Haus, auch wenn keiner Musik machte.

Aber dann zog Herr Hatunoglu ins Haus ein, ein Ausländer, wie man schon am Namen merkt. Er brachte seine Gitarre mit und freute

freuchte sik, dat in dat Hus musizeert würd. »Dor kann ik jå ok een bäten up mine Gitarr spälen«, säd hei. Dat wier eene Gitarr, up de ein blot ganz lies spälen künn, un wenn de annern Husinwåhner mit ehre Instrumenten Musik måkten, wier se gor nich to hüren. Awer miteins wiern all de annern Lüd einig: »De Gitarr is to lut.« Miteins deeden se wedder mitenanner räden: »Finnen Se nich ok, dat de Herr Hatunoglu mit sine Gitarr eenen Larm måkt, de nich uttohollen is?« – »Jå, Se hebben recht, de Mann möt rut ut dat Hus.« Se deeden sik wedder gräuten up de Trepp un hürten up sik antoblaffen. Den Herrn Hatunoglu awer måkten se dat Läben schwer. Wenn hei mål anfüng, up sine Gitarr to spälen, kloppten se von unnen un båben un alle Sieten mit Bessenstäl, holten Tüffeln un Kåklœpeln an de Wände un Decken un reepen: »Uphüren! Rauh in't Hus!« – »Wat hebben de Lüd blot gägen mine Gitarr?«, fröch sik Herr Hatunoglu. Un eenes Dågs treckte hei ut.

Kum wier Herr Hatunoglu uttreckt, güng de Krach in't Hus wedder los. Wenn Fru Klimpermunter den iersten Ton up dat Klavier spält, packen de annern Husinwåhner ehre

sich, dass im Haus musiziert wurde. »Da kann ich ja auch ein bisschen Gitarre spielen«, sagte er. Aber obwohl man die Gitarre bei dem Lärm, den die anderen Hausbewohner mit ihren Instrumenten machten, gar nicht hören konnte, waren sich plötzlich alle einig: »Die Gitarre ist zu laut.« Plötzlich sprachen sie wieder miteinander. »Finden Sie nicht auch, dass der Herr Hatunoglu mit seiner Gitarre einen unerträglichen Lärm macht?« – »Ja, Sie haben recht, der Mann muss raus.« Sie grüßten sich wieder auf der Treppe und hörten auf, sich gegenseitig zu nerven. Dem Herrn Hatunoglu aber machten sie das Leben schwer. Wenn er mal anfing, auf der Gitarre zu spielen, klopften sie von oben und von unten und von allen Seiten mit Besenstielen, Kochlöffeln und Holzpantoffeln an Wände und Decken und riefen: »Aufhören! Ruhe im Haus!« – »Was haben die Leute bloß gegen meine Gitarre?«, fragte Herr Hatunoglu. Und eines Tages zog er aus.

Kaum war Herr Hatunoglu ausgezogen, ging der Krach im Haus wieder los. Sobald Frau Klimpermunter den ersten Ton auf dem Klavier gespielt hat, packen die anderen Hausbewohner

Instrumenten ut un leggen los: Tüdelüdelüt-
bumsbums-trärä-trara-bumspeng… Se spräken
ok nich mihr mitenanner un gräuten sik nich
mihr up de Trepp. Un se knallen wedder mit
de Dören. Awer bi Åbend, wenn se ganz
utpowert in't Bett gåhn, flüstern se vör sik hen:
»Wat wier dat doch för eene schöne, ruhige
Tiet, as noch de Herr Hatunoglu mit sine Gitarr
in't Hus wåhnen ded.«

ihre Instrumente aus und legen los: Tüdelüdelüt-bumsbums-trärä-trara-bumspeng… Sie sprechen auch nicht mehr miteinander und grüßen sich nicht mehr auf der Treppe. Und sie knallen wieder mit den Türen. Aber abends, wenn sie völlig entnervt ins Bett gehen, flüstern sie vor sich hin: »Was war das doch für eine schöne, ruhige Zeit, als noch der Herr Hatunoglu mit seiner Gitarre im Hause wohnte.«

De Buddelpost

Lies un Len wiern an de See un güngen an'n Strand spazeeren. Dor segen se eene Buddel in't Wåter swemmen. »Kiek mål«, säd Len, »dor swemmt ne Buddel.« – »Jå«, säd Lies, »villicht is dat ne Buddelpost, de möten wi hebben.« Un schon treckten de beiden sik Schauh un Strümp ut un krempelten sik de Büxen hoch un deeden in't Wåter wåden. Se fischten de Buddel rut un treckten den Proppen rut, awer de Buddel wier leddig. »Schåd«, säden Lies un Len, »dat weer so schön west, wenn dor en Breif von een afsupen Seemann in west wier.«

Awer nu harn se de Buddel un dachten doröwer nå, wat se mit de Buddel måken künnt. »Wi künnen jå eenen Breif schrieben un in de Buddel stäken un ehr denn swemmen låten«, säd Len, »villicht kriegen wi denn jichtenswann Post ut Akrika orre Amerika von weckein, de de Buddel funnen hett.« Un se nehmen de Buddel mit nå Hus, schräben eenen Breif an den unbekannten Finner un leeten de Buddel wedder swemmen. Awer de

Die Flaschenpost

Lies und Len waren an der See und gingen am Strand spazieren. Da sahen sie eine Flasche im Wasser schwimmen. »Guck mal«, sagte Len, »da schwimmt eine Flasche.« – »Ja«, sagte Lies, »vielleicht ist das eine Flaschenpost, die müssen wir haben.« Und schon zogen sich die beiden Schuhe und Strümpfe aus und krempelten die Hosenbeine hoch und wateten ins Wasser. Sie fischten die Flasche auf, es war ein Korken drin, den sie vorsichtig herauszogen, aber die Flasche war leer. »Schade«, sagten Lies und Len, »es wäre so schön gewesen, wenn da ein Brief von einem ertrunkenen Seemann drin gewesen wäre.«

Aber nun hatten sie die Flasche und dachten nach, was man damit machen könne. »Wir könnten ja einen Brief schreiben und ihn mit der Flasche übers Meer schicken«, sagte Len, »vielleicht kriegen wir dann eines Tages Post aus Afrika oder Amerika von jemand, der die Flasche gefunden hat.« Und sie nahmen die Flasche mit nach Hause, schrieben einen Brief an den unbekannten Finder und ließen die Flasche wieder schwimmen. Aber die Flasche

Buddel wull nich up de Reis gåhn, se leet sik von de Wellen ümmer wedder an den Strand tröchswemmen. »So ne dumme Buddel!«, säd Len.

Miteins säd Lies: »Ik weit wat Bäters! Wi schrieben eenen annern Breif.« – »Awer du sühst doch, dat de Buddel nich wechswemmt«, säd Len. »Ja«, säd Lies, »wi schrieben eenen Breif, de ut Afrika orre Amerika kümmt.« – »Von weggern denn?«, fröch Len. »Na, villeicht von eenen versapenen Seemann«, säd Lies, »orre von Kolumbus.« – »Awer de is doch schon en poor Hunnert Johr dot«, säd Len. »Jå, wat glöwst du, wie lang Buddelposten ünnerwägens sünd«, säd Lies, »mål geiht dat fix, un mål duert dat lang, gråd so as de Wind weiht.« – »Na gaud«, säd Len, »wi måken nu eene Buddelpost von Kolumbus. Un wegger sall de finnen?« Lies dachte nå. »Villicht de Grotmudder?« – »Au jå, de freucht sik bestimmt, wenn se Post von Kolumbus kricht«, säd Len.

Jå, also Lies un Len schrieben eenen Breif, de sik so läsen sull, as har em Kolumbus schräben. »Wie fangen wi an?«, fröch Len.

wollte nicht auf die Reise gehen, sondern ließ sich von den Wellen immer wieder an den Strand zurückschwemmen. »So eine dumme Flasche!«, sagte Len.

Plötzlich sagte Lies: »Ich weiß was Besseres! Wir schreiben einen anderen Brief.« – »Aber du siehst doch, dass die Flasche nicht wegschwimmt«, sagte Len. »Ja«, sagte Lies, »wir schreiben eben einen Brief, der aus Afrika oder Amerika ankommt.« – »Von wem denn?«, fragte Len. »Na, vielleicht von einem ertrunkenen Seemann«, sagte Lies, »oder von Kolumbus.« – »Aber der ist doch schon ein paar Hundert Jahre tot«, sagte Len. »Ja, was glaubst du, wie lange Flaschenposten unterwegs sind«, sagte Lies, »mal geht es schnell, und mal dauert es lange, immer so, wie gerade der Wind weht.« – »Also gut«, sagte Len, »wir machen jetzt eine Flaschenpost von Kolumbus. Und wer soll die finden?« Lies dachte nach. »Vielleicht die Großmutter?« – »Au ja, die freut sich bestimmt, wenn sie Post von Kolumbus kriegt«, sagte Len.

Gesagt, getan. Lies und Len schrieben einen Brief, der sich so lesen sollte, als hätte ihn Kolumbus geschrieben. »Wie fangen wir an?«,

»Leiwe Grotmudder?« – »Quatsch!«, säd
Lies. »Kolumbus schrifft doch nich an de
Grotmudder, de hett hei doch gor nich kennt.«
– »Dat is wohr«, säd Len, »awer Kolumbus hett
doch ok ne Grotmudder hatt.« – »Jå, awer hei
wüsst doch nich, wegger de Buddelpost finnen
deed«, säd Lies. »Also denn villicht: ›Leiwe
Finner!‹« Jå, dat fünnen nu beide gaud un so
wier en Anfang måkt.

Awer wie sull de Breif wiedergåhn? Len måkte
den Vörslag: »Wi sünd hunnert Kilometer
vör Amerika.« Awer Lies säd: »Quatsch! Up
dat Meer ward nich in Kilometer sünnern in
Seemeilen mäten. Un uterdem künn hei jå noch
gor nich weiten, dat hei kort vör Amerika wier,
hei har dat jå noch gor nich entdeckt.« – »Dat
is wohr«, säd Len, »awer wat sall hei süss
schrieben?« – »Villicht œwer dat Wäder?«,
fröch Lies. »Na gaud«, säd Len, »låten wi
em also schrieben: De Sünn schient…« –
»Quatsch!«, säd Lies, »up den Ozean is ümmer
Storm, dor schient keen Sünn, dor gifft dat
hushoge Wellen.« Awer Len weddersprök:
»Manchmal schient ok de Sünn un dat is
windstill.« – »Ja, awer denn schriewt ein keen
Buddelpost.« – »Ja, dat stimmt«, säd Len, »also

fragte Len. »»Liebe Großmutter!‹?« – »Quatsch!«,
sagte Lies. »Kolumbus schreibt doch nicht an die
Großmutter, die hat er ja gar nicht gekannt.« –
»Ist ja auch wahr«, sagte Len, »aber Kolumbus
hat doch auch eine Großmutter gehabt.« –
»Ja, aber er wusste doch gar nicht, wer die
Flaschenpost findet«, sagte Lies. »Also dann
vielleicht. ›Lieber Finder!‹« Ja, das fanden nun
beide gut, und so war ein Anfang gemacht.

Aber wie sollte der Brief weitergehen? Len schlug
vor: »Wir sind 100 Kilometer vor Amerika.« Aber
Lies sagte: »Quatsch! Auf dem Meer wird nicht
in Kilometern, sondern in Seemeilen gemessen.
Und außerdem konnte er ja noch gar nicht
wissen, dass er kurz vor Amerika war, er hatte es
ja noch gar nicht entdeckt.« – »Ist ja auch wahr«,
sagte Len, »aber was soll er sonst schreiben?« –
»Vielleicht übers Wetter?«, fragte Lies. »Na gut«,
sagte Len, »lassen wir ihn also schreiben: ›Die
Sonne scheint…‹« – »Quatsch!«, sagte Lies. »Auf
dem Ozean ist immer Sturm, da scheint keine
Sonne, und da gibt es haushohe Wellen.« Aber
Len widersprach: »Manchmal scheint auch die
Sonne, und es ist windstill.« – »Ja, aber dann
schreibt man keine Flaschenposten«, sagte Lies.
»Ja, das stimmt«, sagte Len, »also lassen wir ihn

låten wi em schrieben: Uns Schipp is in eenen fürchterlichen Storm geråden.« – »Jå, dat is gaud«, säd Lies, »schriew dat glieks up!« Un Len schreew: Uns – Schipp – is – in – eenen – fürchterlichen – Storm – geråden. »De Wellen sünd hushoch«, säd Lies, un Len schreew dat up. »Un elkmal, wenn wi båben sünd, kœnen wi all Amerika seihn«, säd Len. »Jå, dat is gaud«, säd Lies, »dor markt ein glieks, wie hoch de Wellen west sünd.« Un so schreewen se dat up. »Awer wenn uns Schipp unnergeiht«, schreew Len wieder, »denn weit keinein, dat wi Amerika entdeckt hebben.« – »Jå, dat is gaud«, säd Lies, »schriew dat up! – Un dormit dat up jeden Fall bekannt ward«, dikteerte Lies wieder, »schriew ik desen Buddelpostbreif. Mit fründliche Gräuten! Christoph Kolumbus.«

Ihr dat de Breif in de Buddel keem, würd hei von de Mäken in dat soltige Meerwåter hin un her treckt, dormit hei ok würklich oll un verknittert utseihn deed un de Schrift een båten verwischt un unläserlich wier. Un denn hebben se de Grotmudder inlåden to eenen Spazeergang an den Strand un leeten de Buddel heimlich swemmen.

schreiben: ›Unser Schiff ist in einen fürchterlichen Sturm geraten.‹« – »Ja, das ist gut«, sagte Lies, »schreib mal gleich auf!« Und Len schrieb: Unser – Schiff – ist – in – einen – fürchterlichen – Sturm – geraten. »Die Wellen sind haushoch«, sagte Lies und Len schrieb es auf. »Und jedes Mal, wenn wir oben sind, können wir schon Amerika sehen«, sagte Len. »Ja, das ist gut«, sagte Lies, »da merkt man gleich, wie hoch die Wellen gewesen sind.« Und so schrieben sie es auf. »Aber wenn unser Schiff untergeht«, schrieb Len weiter, »dann weiß niemand, dass wir Amerika entdeckt haben.« – »Ja, das ist toll«, sagte Lies, »schreib das auf! – Und damit das auf jeden Fall bekannt wird«, diktierte Lies weiter, »schreibe ich diesen Flaschenpostbrief. Mit freundlichen Grüßen! Christoph Kolumbus.«

Bevor der Brief in die Flasche kam, wurde er von den Mädchen im salzigen Seewasser einmal hin und her gezogen, damit er auch wirklich alt und verknittert aussah und die Schrift ein bisschen verwischt und unleserlich war. Und dann luden sie die Großmutter zu einem Spaziergang am Strand ein und ließen die Flasche heimlich schwimmen.

»Kiek mål, Grotmudder! Dor swemmt eene Buddel!«, reep Len, »villicht is dat eene Buddelpost.« – »Jå, dor müsst ji mål nåkieken!«, säd de Grotmudder. De Mäken hålten de Buddel ut dat Wåter, treckten den Proppen rut, un – de Grotmudder måkte grote Ogen – würklich, dor wier een Breif in. De Mäken deeden as ob se sik wunnern deeden un hebben den Breif lut vörläst. De Grotmudder deed sik de Brill upsetten un lees den Breif sülfst noch mål. »Dunnerwäder!«, säd se denn. »Dat is jå een grotortigen Fund! Eene Buddelpost von Kolumbus! Dat möt in de Zeitung!« Nu kreegen Lies un Len awer heite Backen.

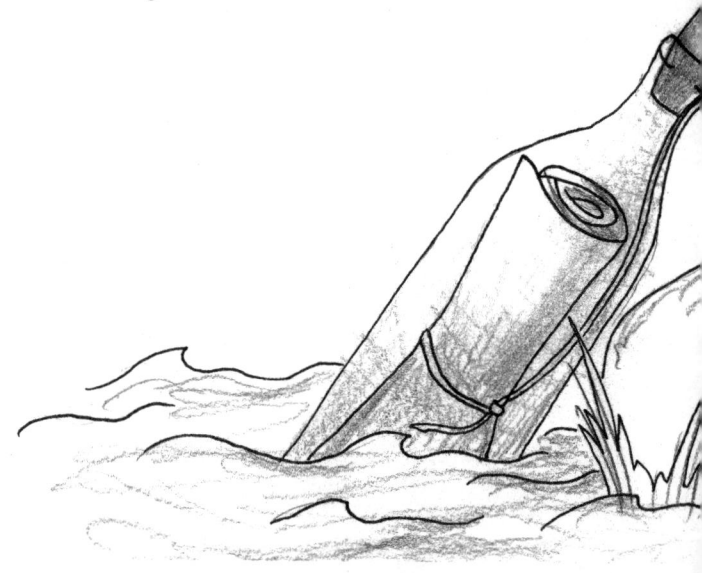

»Schau mal, Großmutter, da schwimmt eine Flasche«, rief Len, »vielleicht ist es ja eine Flaschenpost.« – »Ja, schaut doch einmal nach!«, sagte die Großmutter. Die Mädchen holten die Flasche aus dem Wasser, zogen den Korken heraus, und – die Großmutter machte große Augen – wirklich, es war ein Brief drin. Die Mädchen taten auch ganz erstaunt und lasen den Brief laut vor. Die Großmutter setzte sich ihre Brille auf und las den Brief selbst noch einmal. »Donnerwetter!«, sagte sie dann. »Das ist ja ein großartiger Fund! Eine Flaschenpost von Kolumbus! Das muss unbedingt in die Zeitung!« Jetzt kriegten Lies und Len aber heiße Backen.

81

»Meenst du würklich, Grotmudder?« – »Jå, würklich«, säd de Grotmudder, »dat is doch een Sensatschoon.«

Na, nu wiern Lies un Len nich mihr to hollen. Se rönnten glieks to de Zeitung un lechten dor de Buddelpost up den Disch. »Un de hefft ji funnen?«, fröch de Redaktör, hei heet Hüpfmann un wier een fründlichen Minschen. Lies un Len nickköppten. »Na, dat is dull, eene Nåricht, de eegentlich up de ierste Sied gehüren deed.« Un denn leet hei eenen Fotogråfen kåmen, de een Bild von Lies un Len un ehre Buddelpost måken deed.

An'n nächsten Dåch fünnen Lies un Len sik in de Zeitung wedder. »Nå fiefhunnert Johr keem ne Buddelpost von Kolumbus an«, heet dat dor. »Lies un Len hebben se funnen.« Un dornäben wier ehr Foto afdruckt. Wegge von ehre Fründinnen wiern ganz niedsch.

Sülfstverständlich hebben Lies un Len sik sihr freucht. »Dat wier en gelungen Streich«, säd Lies, »un wenn de Lüd alls glöwen, wat in de Zeitung steiht, denn sünd se sülft schüllig.« – »Jå«, säd Len, »awer ik find dat nich gaud,

»Meinst du wirklich, Großmutter?« – »Ja, wirklich«, sagte die Großmutter, »das ist doch eine Sensation.«

Na, nun waren Lies und Len nicht mehr zu halten. Sie rannten gleich zur Redaktion der Zeitung und legten dort die Flaschenpost auf den Tisch. »Und die habt ihr gefunden?«, fragte der Redakteur, er hieß Hüpfmann und war ein freundlicher Mensch. Lies und Len nickten. »Na, das ist ja toll, eine Nachricht, die eigentlich auf die erste Seite gehört.« Und dann ließ er einen Fotografen kommen, der ein Bild von Lies und Len und ihrer Flaschenpost aufnahm.

Am nächsten Tag fanden Lies und Len sich in der Zeitung wieder. »Nach 500 Jahren kam eine Flaschenpost von Kolumbus an«, hieß es da. »Lies und Len haben sie gefunden.« Daneben war ihr Foto abgedruckt. Einige ihrer Freundinnen waren ganz neidisch.

Natürlich haben Lies und Len sich sehr gefreut. »Das war ein gelungener Streich«, sagte Lies, »und wenn die Leute alles glauben, was in der Zeitung steht, sind sie selber schuld.« – »Ja«, sagte Len, »aber ich finde es nicht gut, dass

dat wi de Grotmudder anführt hebben.« Un se beschlöten, ehr dat Geheemnis von de nåmåkt Buddelpost to verråden. Se güngen to de Grotmudder, un Len säd: »Grotmudder, bi de Buddelpost von Kolumbus dor is noch een Geheemnis, dat willen wi di verråden.« – »Ach«, säd de Grotmudder, »ji brukt mi juch Geheemnis nich to verråden. Ik heff nämlich ok noch een Geheemnis vör juch, dat ik juch nich verråden dau.« Un so sünd Lies un Len nich künnig worden, dat de Såk mit de Buddelpost am iersten April in de Zeitung ståhn hett – April! April!

wir auch die Großmutter verkohlt haben.«
Und sie beschlossen, der Großmutter ihr
Geheimnis von der gefälschten Flaschenpost
zu verraten. Sie gingen zur Großmutter, und Len
sagte: »Großmutter, bei der Flaschenpost von
Kolumbus ist noch ein Geheimnis, das wollten
wir dir verraten.« – »Ach«, sagte die Großmutter,
»ihr braucht mir euer Geheimnis nicht zu
verraten. Ich habe nämlich auch noch ein
Geheimnis vor euch, das ich euch nicht verrate.«
Und so haben Lies und Len nicht erfahren, dass
die Sache mit der Flaschenpost am 1. April in
der Zeitung gestanden hatte – April! April!

De Kattenfeind

Dat gifft Lüd, de schaffen sik en Husdiert an,
hebben awer keen Lust, de Arbeit to måken,
de dormit verbunnen is. Besünners lästig ward
se dat Diert, wenn se in'n Urlaub gåhn wullen.
Männigein låt denn dat Diert einfach alleen
un schert sik nich dorüm, wie dat åhn Äten un
Drinken öwerläben un wo dat eenen Platz to'n
Slåpen finnen sall.

Herr Tubendrücker wier so een. Em wier ne
Katt tolopen, de in sin Hus rieklich to fräten
finnen deed. Dor geew dat nämlich väle Müs,
wiel Herr Tubendrücker olles Brot un anner
Läbensmittel vergammeln leet. Un ok süss
leegen in sin Hus so väl Såken rüm, de Müs
giern fräten. Dat wier en Paradies för Müs. Un
dorüm ok en Paradies för Herrn Tubendrücker
sin Katt.

Awer wenn de Katt anner Såken as Müs
fräten wull, müst se dat woanners säuken.
Wenn Herr Tubendrücker in Urlaub führte,
würd de Katt sogor utslåten. Denn Herr
Tubendrücker har Angst vör Deifs, de in sin

Der Katzenfeind

Es gibt Leute, die schaffen sich ein Haustier an, haben aber keine Lust, die Arbeit zu machen, die damit verbunden ist. Besonders lästig wird ihnen das Tier, wenn sie in Urlaub fahren wollen. Viele lassen dann einfach das Tier allein, ohne sich darum zu kümmern, wie es ohne Essen und Trinken überleben und wo es einen Platz zum Schlafen finden soll.

Herr Tubendrücker war so einer. Ihm war eine Katze zugelaufen, die in seinem Hause reichlich Nahrung fand. Es gab dort nämlich viele Mäuse, weil Herr Tubendrücker altes Brot und andere Lebensmittel vergammeln ließ. Und auch sonst lag in seinem Haus alles Mögliche herum, was Mäuse gern fressen. Und Mäuse fressen so ziemlich alles. Also ein Paradies für Mäuse. Und darum auch ein Paradies für Herrn Tubendrückers Katze.

Aber alles, was die Katze außer Mäusen fressen wollte, musste sie sich woanders suchen. Wenn Herr Tubendrücker in Urlaub fuhr, wurde sie sogar ausgesperrt. Denn Herr Tubendrücker fürchtete sich vor Dieben, die

Afwäsenheit dat Hus leddig måken künnt, wenn dor een Lock för de Katt åpen bliewen weer. Dorüm müst de Katt sik een anner Plätzken to'n slåpen säuken, wenn Herr Tubendrücker in Urlaub führte. Un denn wier dat Hus de Müs œwerlåten.

So keem dat, dat Herrn Tubendrücker sin Katt eenmal jämmerlich up de Stråt rümmerdanzen deed, wiel se nix mihr to fräten har un nich wüsst, wo se bi Åbend slåpen sall. Taufällig keemen Lies un Len vörbi, de Herrn Tubendrücker sin Katt schon manchmal faudert harn, wenn se utslåten wier. »Kumm mit, du arme lütte Katt«, säden Lies un Len, »wi gäwen di wat to fräten, un slåpen kannst du ok bi uns.« Se köfften von ehr Taschengeld Kattenfauder, denn bi Lies un Len to Hus geew dat keene Müs, un versorgten de Katt, so lang as Herr Tubendrücker wech wier.

Awer as Herr Tubendrücker trööch wier, beschlöten Lies un Len, em to bestråfen. Se wüssten, dat Herr Tubendrücker giezig wier un sik besünners argern deed, wenn hei för jichtenswat Geld betåhlen sull. Also målten se een Schild:

in seiner Abwesenheit das Haus leer räumen könnten, wenn irgendwo eine Tür oder ein Durchschlupf für die Katze offen blieb. Also musste die Katze, wenn Herr Tubendrücker verreiste, sich ein anderes Schlafplätzchen suchen und das Haus den Mäusen überlassen.

So kam es, dass Herrn Tubendrückers Katze eines Tages jämmerlich auf der Straße herummaunzte, weil sie nichts zu fressen hatte und nicht wusste, wo sie am Abend schlafen sollte. Zufällig kamen Lies und Len vorbei, die Herrn Tubendrückers Katze schon manchmal gefüttert hatten, wenn sie ausgesperrt war. »Komm mit, du armes Kätzchen«, sagten Lies und Len, »wir geben dir was zu fressen, und schlafen kannst du auch bei uns.« Sie kauften von ihrem Taschengeld Katzenfutter, denn bei Lies und Len zu Hause gab es keine Mäuse, und versorgten die Katze, solange Herr Tubendrücker in Urlaub war.

Aber als Herr Tubendrücker zurück war, beschlossen Lies und Len, ihn zu bestrafen. Sie wussten, dass Herr Tubendrücker geizig war und sich besonders ärgerte, wenn er für irgendetwas Geld bezahlen sollte. Also malten sie ein Schild:

»Ik köp Katten un tåhl minsten hunnert Euro för jede Katt.« Unnerschräben: »Tubendrücker« Denn kladderten se up eenen Boom, de näben Tubendrücker sin Husdör stünn, un hängten dat Schild ganz båben an eenen Ast.

»Kaufe Katzen. Zahle mindestens 100 Euro pro Katze.« Unterschrift: »Tubendrücker« Dann kletterten sie auf einen Baum, der neben Herrn Tubendrückers Haustür stand, und hängten das Schild ganz oben an einen Ast.

Un schon bald keemen de iersten Lüd
mit Katten up den Arm un klingelten bi
Tubendrücker. »Nee, ik köp keen Katten«,
säd hei. »Awer dat steiht doch up dat Schild«,
säden de Lüd. »Wat för een Schild?«, fröch
Tubendrücker. »Dor båben an den Bom«,
säden de Lüd un wiesten up dat Schild. »Dat
wiern böse Buben«, säd Tubendrücker. Wenn
de wüsst!

Hei wull dat Schild afnähmen un wull den
Bom hochkladdern, awer hei föll wedder
runner, dat wier to hoch. Un dor keemen
all wedder Lüd un wullen Katten verköpen.
Dat klingelt bi Tubendrücker den ganzen
Dåch, hei sull woll hunnert Katten köpen.
Tubendrücker würd ümmer fuchtiger, un de
Lüd, de hei wechschicken deed, ok. Un ok
de Katten wullen nich wedder wech, wiel dat
in dat Hus so gaud nah Müs rüken deed. Un
denn harn sik glieks sœben Katten losräten un
preschten dörch de åpene Husdör in't Hus rin
un suusten de Müs hinnerher. Rumskadabums
un holterdipolter! Herr Tubendrücker hürte mit
Grugen, wie in sin Hus allerhand kaputt güng.
»Nähmen Se de Katten wedder mit!«, flehte
hei. »Awer blot gägen Betåhlung!«, säden de

Und schon bald kamen die ersten Leute mit Katzen auf dem Arm an und klingelten bei Tubendrücker. »Nein, ich kaufe keine Katzen«, sagte er. »Aber es stand doch auf dem Schild«, sagten die Leute. »Was für ein Schild?«, fragte Tubendrücker. »Da oben an dem Baum«, sagten die Leute und zeigten auf das Schild. »Das waren böse Buben«, sagte Herr Tubendrücker. Wenn der wüsste!

Er wollte das Schild abnehmen und den Baum hochklettern, aber er fiel wieder hinunter, es war zu hoch. Und dann kamen immer wieder Leute und wollten Katzen verkaufen.Es klingelte den ganzen Tag an der Tür. Herr Tubendrücker hätte wohl hundert Katzen kaufen können. Er wurde immer wütender, und die Leute, die er wegschickte, auch. Und auch die Katzen wollten nicht wieder weg, weil es aus dem Haus so gut nach Mäusen roch. Und plötzlich hatten sich gleich sieben Katzen auf einmal losgerissen und preschten durch die offene Tür ins Haus hinein und sausten hinter den Mäusen her. Rumskadabums und holterdipolter! Herr Tubendrücker hörte mit Entsetzen, wie drinnen einiges zu Bruch ging. »Nehmen Sie Ihre Katzen wieder mit!«, flehte er. »Aber nur gegen

Lüd, »hunnert Euro för jede Katt, so as dat up dat Schild stünn.« Krachbumsklirr! All wedder geew dat Schören. »Hier is dat Geld!«, säd Herr Tubendrücker. »Wenn ik nur wüsst, wegger mi desen Streich spält hett!«

Awer psst! Wi verråden dat nich!

Bezahlung«, sagten die Leute, »100 Euro pro Katze.« Krachbumsklirr! Schon wieder gab es Scherben. »Hier ist das Geld«, sagte Herr Tubendrücker. »Wenn ich nur wüsste, wer mir diesen Streich gespielt hat.«

Aber psst! Wir verraten nichts!

De Kirschbom

De Generål Brägenklöter har en Hus mit eenen groten Goorn. Un in den Goorn, dor stunn een Kirschbom. De drööch alle Johr schöne rode Kirschen. Awer ümmer, wenn de Generål ehr plücken wullt, denn harn de Vågels ehr all upfräten.

Der Kirschbaum

Der General Neuntöter hatte ein Haus mit
einem großen Garten. Und in dem Garten
stand ein Kirschbaum, der jedes Jahr schöne
rote Kirschen trug. Aber immer, wenn der
General sie pflücken wollte, hatten die Vögel
sie schon abgefressen.

»Dese bösen Vågels!«, schimpte de Generål.
»Awer täuwt, ik war juch de Håmelbeenen
langtrecken!« Un hei köffte sik ne olle Kanon,
de billig to hebben wier. Denn hei har hürt, dat
ein mit Kanon'n up Sparlings scheiten künnt.

As in't neechste Johr de Kirschen in sinen Goorn
wedder riep würden, schot hei sin Kanon mit
luten Knall af. Hei drop awer keen Sparlings,
sünnern dat Hus von sinen Nåwer, dat dorbi
kaputt güng. De Nåwer bleef an't Läben, awer
hei wier up den Generål nich mihr gaud to
spräken un lechte sik ok ne Kanon tau.

Ik weit nich, wie de Geschicht wiedergåhn is.
Ik weit man blot, dat de Kirschbom ümmer noch
steiht un dat de Sparlings œwer de dummen
Minschen lachen.

»Diese bösen Vögel!«, schimpfte der General. »Aber wartet, ich kriege euch!« Und er kaufte sich eine alte Kanone, die billig zu haben war. Denn er hatte gehört, dass man mit Kanonen auf Spatzen schießen könne.

Als im nächsten Jahr die Kirschen in seinem Garten wieder reif wurden, schoss er seine Kanone mit lautem Knall ab. Er traf aber keine Spatzen, sondern das Haus seines Nachbarn, das dabei kaputt ging. Der Nachbar kam mit dem Leben davon, aber er war dem General böse und schaffte sich auch eine Kanone an.

Ich weiß nicht, wie die Geschichte weitergegangen ist. Ich weiß nur, dass der Kirschbaum immer noch steht und dass die Spatzen über die dummen Menschen lachen.

Wegger brukt een Afkåten?

Ji weiten jå, wenn een unrecht dåhn hett,
denn kümmt hei vör Gericht. Un de een orrer
anner nimmt sik een Afkåten, de em hülpen
sall, dat hei nich, orrer nich so dull, bestraft
ward.

Eenmal is dor een tau den Afkåten kåmen. Hei
sull em biståhn in een Prozess. Se wullen em
bestråfen, säd hei, un hei har doch gor niks
verbråken.

»Jå, wat hebben Sei denn dåhn?«, fröcht de
Afkåt.

»Min Pierd, dat wull manchmal nich hüren«,
secht de Mann. »Dor kann ein räden un räden
un dat Pierd geiht nich von de Stell.«

»Jå«, secht de Afkåt, »nu weit ik, wat dat
Pierd dåhn hett. Awer wat hebben Sei denn
dåhn?«

»Ik heff min Pietsch nåhmen«, secht de Mann,
»un denn heff ik up dat Pierd inschlågen, bet

Wer braucht einen Rechtsanwalt?

Ihr wisst ja, wenn einer unrecht getan hat, dann kommt er vor Gericht. Und der eine oder andere nimmt sich einen Rechtsanwalt, der ihm helfen soll, dass er nicht, oder nicht so schwer, bestraft wird.

Einmal ist da einer zum Rechtsanwalt gekommen. Der sollte ihm beistehen bei einem Prozess. Man wolle ihn bestrafen, sagte er, und er habe doch gar nichts verbrochen.

»Ja, was haben Sie denn getan?«, fragt der Anwalt.

»Mein Pferd, das will manchmal nicht hören«, sagt der Mann. »Da kann man reden und reden, und das Pferd geht nicht von der Stelle.«

»Ja«, sagt der Anwalt, »nun weiß ich, was das Pferd getan hat. Aber was haben Sie denn getan?«

»Ich habe meine Peitsche genommen«, sagt der Mann, »und dann habe ich auf das Pferd

dat Pierd henfollen is. Un denn is dor een Schandarm kåmen un hett mi upschräben. Un nu bruk ik een Afkåten, de min Verteidigung öwernimmt.«

»Ne, min Herr«, secht de Afkåt un wiest em de Dör, »dor verteidige ik leiwer dat Pierd.«

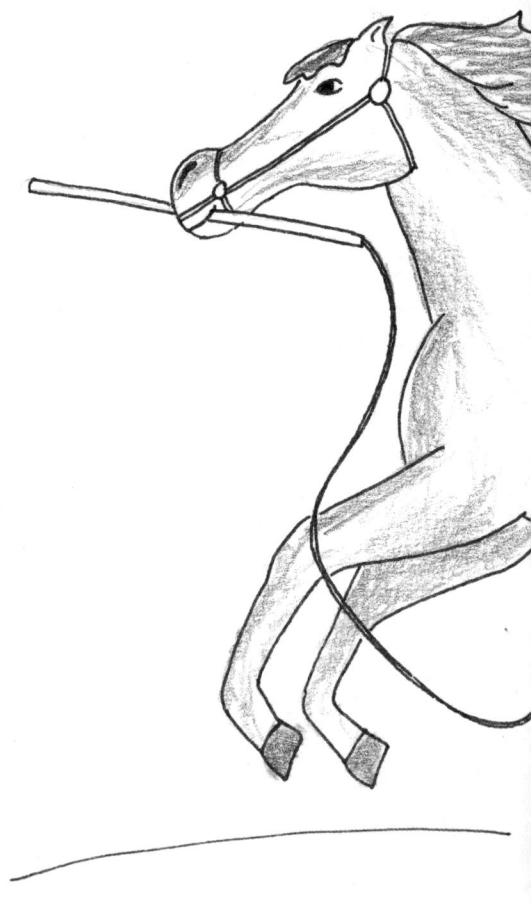

eingeschlagen, bis das Pferd hingefallen ist. Und
dann ist da ein Polizist gekommen und hat mich
aufgeschrieben. Und nun brauche ich einen
Rechtsanwalt, der meine Verteidigung übernimmt.«

»Nein, mein Herr«, sagt der Anwalt und zeigt
ihm die Tür, »da verteidige ich lieber das Pferd.«

Platt snacken mit Heinrich Hannover in de EDITION TEMMEN:

Nu hüppt dat Pierd Huppdiwupp ok up plattdütsch öwer Grotmudders Hus! Heinrich Hannover vertellt in välen lustigen Geschichten, worüm de Stierns in Öllermoders Goorn danzen, wie Lies un Len in de Båwann de Stråt längs swemmen un wat dat Christkind måkt, de sik to Wiehnachten dat Been bråken har.

Heinrich Hannover

Dat Pierd Huppdiwupp

80 Seiten, gebunden
Mit 17 Teknungen von Stefanie Matz
ISBN 978-3-8378-7007-7

9.90 €